희망교를 건너며

— 계룡산 詩抄

심지시선 019

희망고를 건너며 — 계룡산 詩抄

2012년 11월 15일 초판 1쇄 발행

지은이 한 수
펴낸이 윤영진
편 집 함순례
디자인 한천규 이경훈
펴낸곳 도서출판 심지
등록 제 253호
주소 300-812 대전광역시 동구 삼성동 125-2 4층
전화 042 635 9942
팩스 042 635 9941
전자우편 simji42@hanmail.net

ISBN 978-89-6627-033-0 03810

* 이 시집은 (재) 대전문화재단, 한국문화예술위원회에서
사업비 일부를 지원받았습니다.

심지시선 019

희망교를 건너며

— 계룡산 詩抄

한수 시집

심지

□ 시인의 말

이 시집은 이십대 중반부터 사십대 중반까지 써온 연작시집 『산을 오르다가』 상재 이후 계룡산 자락의 상신리와 학봉리에 사는 동안 쓴 시편들이다.

요즈음 나는 시를 쓰는 일이 시큰둥해지고, 시의 정체성을 현실에 적용하여 시처럼 사는 것이 되레 시인답다는 나르시시즘에 빠져 살고 있다. 보호임지保護任持랄까? 사는 것이 시큰둥해지는 날이면 훌쩍 여행을 떠났던 젊은 날의 내 버릇처럼 수시로 산문 안으로 다시 돌아가고 싶은 것을 보면 산은 내 안의 내가 정착할 수 있는 안식처임이 틀림없다는 생각이다.

2012년 가을

지은이

차례

제2부 학봉리 詩抄

제1부
상신리 詩抄

이사하는 날 · 1

돌담 사이로 난 고샅길을
한참이나 헤맸습니다
이삿짐을 실은 트럭이 들어간 집을 찾아
이리 기웃 저리 기웃
이방인을 만난 동네 개들이
사뭇 짖어댔습니다
사방이 산으로 막힌 산간마을
텃밭이 있고 마당이 넓은 집
오늘부터 내가 살 곳입니다
집은 내가 소유하는 것이 아니라
집과 내가 만나 그 품에 안겨 안주하다가
때가 되면 다시 떠나는 것
내 집이 아니어도
산과 하늘을 바라볼 수 있는 것만으로도 족합니다
나의 시詩는 나에게
몸으로 쓰기를 주문합니다, 자꾸만
자꾸만 설교합니다.

희망교希望橋를 건너며

장군봉은 허리에
조각구름 달고 서 있고
몇 마리 학은
구름 아래로 날고 있다

해갈된 무논엔 써레질하는
촌로의 소몰이 소리
희망교 건너 대로엔
질주하는 차들의 굉음

다리 건너 도시로 나아가야 하는가,
마을로 들어가야 하는가
우리의 희망은 어디에
어디에 있는가

어미 소 따라 논둑길을 서성이는
배고픈 송아지처럼
혼돈스런 한낮

희망교希望橋

희망교는
동구 밖 마을 어귀
다리 이름

내가 사는 집은
그 다리 건너 개울 따라
외길 십여 리

늦은 밤 술에 취해
아내와 노래 부르며
터덜터덜 걸어서
둬 시간 거리이다

우리에게 희망은 있는가

그래, 그래
별이 저렇게 빛나는 한
우리에게 희망은 있다.

취중귀가중醉中歸家中

실개천
둑길 따라
지천으로 피었던
할미꽃

오늘밤은
할애비 수염
성성적적惺惺寂寂

찬란한 별밤

밤이 좋아
달밤이 좋아

아내와 나는
비틀비틀
별은 껌뻑껌뻑

단옥수수

단옥수숫대가 바람에 흔들리고 있다

낫으로 밑동을 베어
마디마다 잘라서 들고 다니며
입으로 껍질을 벗겨내고 씹던
상큼한 꿀맛의 기억이 새롭다

큰형이 세어놓은 옥수숫대
세어보고 또 세어봐도
그걸 베어낼 용기는 없었다
큰형은 그때만은 막내인 내게도 욕심쟁이였다
나는 커서 욕심을 부리지 않겠다고 다짐했었다

단옥수숫대 밑동은 지릿한 맛이다.

우리 집

내 고향 가야산 아래 개심사 명부전冥府殿 문을 열면 부리부리한 수문장이 칼을 들고 눈앞에 불쑥 나타났다지요. 산모가 놀라 유산한 이후 그 장치를 없앴다는 그 안에는 섬뜩한 인상의 시왕들이 서 있지요. 사람이 죽으면 저승사자에게 그곳으로 끌려가 심판을 받는데 살았을 때의 모든 일들이 기록된다는 전생록대로 판결이 내려져 다음 생을 받는다지요.

옛날 어느 착한 사람이 죽어 염라대왕 앞에서 머리를 조아리고 심판을 기다리고 있는데, 그 사람의 일생동안 살아온 일들이 적힌 장부를 소상히 읽어본 염라대왕이 그 사람에게 칭찬을 하며 소원을 하나만 들어줄 테니 말해보라고 하였답니다. 사양하던 그 망자亡者 왈 "저는 아무 욕심이 없습니다. 단지 하나 바랄 게 있다면 공기 좋고 물 맑은 산골 조용하고 따뜻한 마을 남향받이 언덕에 아담한 집이 있고, 그 앞에는 맑은 시내가 흐르는 곳으로 보내만 주신다면 아무 욕심 없이 텃밭이나 일구며 조용히 살고 싶습니다."고 말했더래요. 그 소리를 들은 염라대왕 왈 "야, 이놈아! 그런 곳이 있으면 알려줘라. 내가 가겠다."고 했답니다. 그런데, 그런데 말이에요. 염라대왕도 모르는 그런 곳을 나는 알고 있지요. 아무에게도 말하지 마세요. 꼭꼭 당신만 알고 있을 거지요? 우리 집으로 오세요.

상신리 소묘素描

당간지주와 주춧돌만 남은
아주 큰 절이 있던 보궁터
학인들이 이집 저집에 사는 마을

젊은이는 도시로 나가고
시어머니를 모시고 사는
환갑이 지난 며느리가 이 마을에선
젊은 축에 든다

마을 어귀 큰길가에는
덩그런 집이 몇 채 들어섰지만
젊은이는 객쩍은 얼굴들만 보인다

건넛집 할아버지는
아들의 사업자금을 위해 땅을 팔려고
내어놓았다는 소문이 들린다

도시에 버금가는 땅값이라서

톡톡히 돈을 받겠지만
평생을 부쳐 먹던 살붙이 같은 땅을 내어놓기는
그리 쉬운 일은 아닐 게다

도시 사람이 들어오고 땅값이 오르면서
마을 인심이 흉해지기 시작했단다

나도 흘러들어 온 사람이지만
집을 살 돈이 없으니
인심을 흐려놓을 염려는 없겠다

나도 어서 돈을 모아
이쁘고 소박한 집을 짓고 싶다.

바람 부는 밤이면

밤이면 가끔
어린 산도깨비 떼 우르르 산을 내려와
밤새 신나게 놀다 간다
어디를 둘러보아도 높은 산
하늘만 빼꼼히 보이는
바람이 들어올 길이 없는 마을인데
어둠 속에서 굿판이 벌어진다
앞뜰 수돗가에 기울여놓은 세숫대야랑
뒤란의 장독대 뚜껑, 창문도 밤새 시끄럽다
그런 밤이면 제자리에 있지 않은 것들과
제 무게보다 키 높은 것들은 불안하다
온전한 것은 키 낮은 지붕과 돌담뿐
이 동네에서 잔뼈가 굵은 사람들은
날이 밝으면 아무 일도 없었던 것처럼
하나 둘 일터로 나선다
상신리에서는 바람이 비처럼
하늘에서 쏟아진다.

비우기 연습

큰대大자로 누워서
생각을 비우기로 한다

천장에는 꽃무늬 벽지에 수놓은
파리똥이 보인다

파리는 날아다니는
똥 공장이고, 나는
걸어다니는 똥 공장이다

그럼 산다는 것은
똥을 만드는 일인가

꽃과 똥은
생각을 비우기로 한 내게
더 많은 생각을 준다

적요寂寥한 날

1.
소슬바람에 쏟아진
노오란 은행잎이 허전하다

제 발치로 잎을 떨구고 서 있는
빈 나무가 허전하다

끊이지 않았던
여름날의 사람들은 기척이 없고
열린 대문이 허전하다

빈 시간이 그저 허전하여
주막골 구판장 간이의자에서
조각달을 친구삼아
비운 막걸리 잔이 허전하다

2.
허전한 날이 거듭되면

허전하면 허전한 대로
마냥 즐겁다

툇마루에 앉아서
늦가을 햇빛과 놀다가

가을빛에 빠진 삼불봉을 멍청히
쳐다보다가

이런저런 생각들이 슬며시 왔다가
슬며시 달아나는 모습들을
그냥 바라보다가

나사 몇 개쯤 빼놓고 사는
허전한 날이면
보이지 않던 것을 볼 수 있어
마냥 즐겁다.

호우주의보

수천 마리 개미떼가 이사를 하고 있었다

그날 밤 수술했던 내 무릎 관절이 쑤셨다.

홍수

종이컵이 떠내려간다
스티로폴이 떠내려간다
맥주병이 떠내려간다
과자봉지가 떠내려간다
오늘은 대청소날

어디로 떠내려갔을까
어릴 적
내를 건너다 잃어버린
내 고무신 한 짝

새벽비

불면증으로
생각이 꼬리를 물고 이어지는
새벽 네 시 반

잠을 자야 한다는 생각
버리기로 한다

그래도 오늘 밤은 행복하다
임강빈 시인의 시집 『집 한 채』
그 집에 들어가 있다

이즈음에 보내온 시집들을
바쁘다는 핑계로 아직 읽지 않고
책상에 쌓아놓았는데
순서를 기다리는 시집들 다 제켜놓고
새치기로 읽고 있는 중이다

그래도 이런 비리는 저지를 만하다

비가 내리고 있다, 모처럼
가슴이 젖고 있다.

뒤란에서

가을 햇빛에선
내 젊은 날 동경하던
여인의 냄새가 난다

장독대 밑
무리 지어 핀 과꽃
보랏빛

조금 떨어져 핀
늦깎이 봉숭아꽃도
애처롭다

잎 진 호두나무 가지 사이로
손을 내밀던 햇살은
이내 돌아가고

그 손끝에
귀뚜라미가 처량하게

오선지를 읽고 있다.

산골놀이학교장 권씨

산골놀이학교 권씨는
나보다 먼저 이 마을로 흘러들었다

신문사 기자로 일하다가
유행병처럼 번졌던 무슨무슨 운동으로
해직 당했다는 그는
나만큼이나 말주변도 없으면서
바위에 계란을 던졌단다

요즈음 그의 운동은
유치원이나 초등학생들과 같이 노는 일이다

가재잡기 메뚜기잡기 밤줍기 고구마캐기 토끼몰이 시골집구경하기 흙집방앗간구경하기 우마차타기

부랄 두 쪽만 덜렁 차고 시작한 그가
텔레비전에 나오고 신문에도 난 덕으로
전국에서 몰려드는 도시의 아이들로

심심치 않다

장가갈 생각은 안 하고
아이들과 놀기에 바쁜 노총각 권씨는
이 마을과 가장 잘 어울리는 사람이다.

물봉선화

누나 같은 여자
말고 동생 같은
여자 말고 친구
같은 여자 말고

엄마 같은 여자도 말고

있잖아
있잖아,

만나도 만나도
가슴 설레는

가재를 잡다가

아직도 살고 있었구나
맑은 물에만 산다는
가재

개울로 나아가
돌 몇 개를 떠드니 화들짝 놀란 가재가
뒷걸음친다

가문 봄이면
깡통에 가득 잡아
계곡에서 삭정이를 꺾어다 불 피우고
끓여 먹던 기억이 진달래 꽃빛처럼 아른거린다

반가웠지만 차마 잡을 수 없어
하릴없이 흐르는 냇물만 바라보았다.

입동入冬

첫눈 내리고

돌담 아래
국화꽃 한 송이
불꽃처럼 타오르고

아내는 텃밭 배추를 뽑고
나는 툇마루에 앉아
먼 산 바라보고

내뿜는 담배연기
가물가물

현기증
괜한 눈물

엘레지Elëgie

여자친구가 준
미샤마이스키의 첼로연주를 듣는다
밖에는 눈이 쌓여 있고
개 짖는 소리 밤의 정적을 뚫고
고샅길로 멀어지는 발자국소리 간혹 들린다
함박눈은 계속 내리고
뒤란엔 새하얀 화폭에 장독대
그 아래 작은 짐승 발자국이
눈에 덮이고 있겠다
음악 속에서도 눈이 내리고 있다.

생리生理

1.
수세식 화장실은 흘러
어디로 가는가

흐르는 물에 오줌을 누던 내게 어머니는
복 달아난다고 나무라셨다

그 뒤로 나는
나무 밑에 오줌을 누는 습관이 붙었다

이곳 상신리에서는
채마밭 고랑에 눈다.

2.
도로변에서나 갯벌에서 방뇨하는 풍경은
싸는 사람이나 보는 사람이나 즐겁다

알 만한 사람들이 체면불구하고

허연 엉덩이를 내놓고 노상 방뇨하는 것은
민망스럽기도 하지만
포장마차에서 객담을 나누다가 화장실을 찾는다는 것이
전봇대나 후미진 담벼락에 실례하는 것보다 어렵 듯
잘 먹는 것만큼 잘 싸는 일도 큰 일이다

주변에 빌딩이나 화장실이 없는 큰길을 걷다가 참지 못할 정도로 오줌이 마려울 때 어떻게 해야 하는가
바른 생활 문제에
길가에 눈다고 했더니 틀렸다고 아이는 내게
왜 그러냐고 물었다
상신리에서는 들판에 거름주기이니 아이야
그래도 괜찮다 괜찮다.

석류꽃 그늘 아래서

석류나무 그늘 아래
빈 항아리 하나
비스듬히 누워 있다

무엇으로 소용되다가
저렇게 버려졌는가

소박한 외모에
두어 섬은 족히 담을 넉넉한 품으로
두드리면 쩡쩡
아직 건장한데

꺽두서니 넝쿨 뒤덮고
온갖 풀로 비좁은 주변
해탈한 와석상처럼 편안하다

그 위로
석류꽃 뚝뚝 떨어지고 있었다.

애기똥풀꽃

우리 오매는 내 똥을
맛보았다지요, 똥맛으로
배탈을 알았다지요

찌그렁 할매 된 우리 오매는
어릴적 이름이 갓난이였다지요
작고 똘망한 이쁜 색시였다지요

햇살 따스한 봄날
소꿉장난하다가 끌려간 곳이
시집이었다지요, 우리 오매는
오매가 보고 싶어서 날마다
날마다 울었다지요

우리 오매는 내 똥을
먹었다지요.

오월이 오면

오월이 오면
산은 새 단장을 마치고
산벚꽃으로 치장한다

산새들은 축제 기간
밤 깊도록 시끄럽다

오월의 새 소리는
짜릿한 첫 키스의 절정

사랑한다는 것
얼마나 싱그러운 말인가

마을은 잠에 빠지고
달빛에 젖어 원근으로 서 있는
어둑한 산 그림자 바라보며
홀로 서 있다

사랑은 추억조차 기쁘다.

경허의 칼

나의 품에는 비수 하나 간직하고 있다
이성이 잠깐 내 가슴의
단추를 열고 외출할 때
나의 칼은 슬며시
칼집을 빠져나와 번득인다
날카로운 칼끝이 상대편을 향하게 되면
그의 품에서도 어느새
나를 겨누는 칼끝이 보이거나
두려움에 움찔거리다가 내 곁을
떠나버리곤 한다
나의 칼이 칼집을 빠져나오지 못하도록
단단히 동여매지만
게으름의 잠에 빠질 때마다
푸른 빛을 번득이며
나를 깨운다.

휘파람새

휘파람새 소리
잠을 설친 밤

다른 새들은 애저녁에
짝을 만나 잠자리에 들었는지
기척 없은 지 오랜데

웃뜸 어디쯤서 들리는
비수匕首로 어둠을 찢는 소리

요즈음 처녀들은 우스갯소리를 잘 하고
계집애 같은 총각들을 좋아한다는데
철학적이거나 근엄한 총각은
인기가 없다는데

네 연애는 필시 어렵겠다.

장날

노랑 머리칼을 휘날리며
오토바이를 타고
차와 차 사이를 씽씽 달려
차 배달 가는 소녀의 허벅다리는
이쁘다

똥꼬바지에 앞가슴만 가린
그를 탐하는 건 성희롱이라는데
눈은 자꾸만 끌린다

그녀보다 고운 온갖 물상들이
골목마다 펄펄 살아 시선을 끄는
오늘은 유성 장날
눈이 호사하는 날이다.

하얀새

하늘 높이 가뭇가뭇
하얀 새가 날고 있었다
텃새들은 저희들끼리
이 나무 저 나무 날아다니며
시끄럽게 놀고 있는데 혼자서
높이높이 날고 있는 하얀 새
텃새들은 부러워하였지만
겉으로는 비웃는 말만 무성했다
바람이 세차고 먹이도 없는
높은 하늘을 나는 것을
무모한 짓이라고 저희들끼리
까발리고 있었다
얼마 후 하얀 새는 어디론가 사라지고
텃새 중 한 마리가
하늘 높이 나는 연습을 하고 있었다.

산불

구순을 바라보는 어머니의 소싯적 이야기는 초저녁을 다 보내고도 부족하다. 어제 일을 잊는 그가 대하소설이 되고도 남는 분량을 몇 번씩 들어봐도 녹음테이프처럼 같다. 그의 이야기를 들어주기엔 대단한 인내가 요구되지만 며느리가 잠자리에 들어도 끝나지 않는 그 말을 나는 막을 수 없다. 내 나이는 그의 절반쯤이지만 마음은 아직 이십인데, 당신 마음은 삼십이냐 했더니 그도 이십이라 했다. 바람 부는 봄날 번지는 불꽃처럼 모든 존재를 다 잡아먹고 불살라버리는 그 끼.

바라보면 모든 존재가 다 그렇다.

개사돈

주막골 사는 조각가 박 선생 집 개는 삽살개. 조그만 체구에 긴 털이 온몸을 덮어서 길가에 퍼질러 낮잠 잘 때면 어느 귀부인이 털목도리를 흘리고 간 것 같고, 사부작사부작 걷는 것이 제 노릇도 못할 것 같은 폼이다. 그 외모 때문에 왜정 때 일본 놈들이 공출하라고 해서 거의 씨가 말랐다는 삽살개. 영리하고 사나운 것은 충견으로서는 과연 일품이다.

산골놀이학교 권 선생 개는 똥개. 같은 집에 살 때 가끔 밥을 준 적이 있던 고로 알아볼 터인데도 볼 때마다 웬수처럼 쫓아오면서까지 짖는 발발이 잡종이다. 게다가 새끼는 왜 그리 잘 낳는지 벌써 식구가 열 마리가 넘더니 얼마 전 또 새끼를 낳았다. 그 중 두 마리는 짧은 털에 긴 털이 드문드문 괴물처럼 솟았다. 씨도둑은 못 속인다더니 예감처럼 떠오르는 생각.

길에서 만난 박 선생에게 권 선생과 개사돈지간임을 알렸다. 식은 못 올려줘도 주막골에서 막걸리 잔치는 해야 되지 않겠냐는 내 심사를 눈치 채지 못하는 것 같았다.

용목이

용목이는 마을에서
처음 사귄 사람이다
먼저 보고 먼저 인사하는 그는
자존심도 없고 눈치코치도 없다
누가 욕해대거나 구박해도
화내는 일이 없다
세월을 한참이나 더 살았어도
그렇지 못한데
나보다 나은 용목이는
항상 그늘이 없다.

마실 길

능구렁이
풀벌레 소리 후끈한
칠흑 어둠 속
지랑풀 이슬 스치는
여름밤

누나 손 꼬옥 잡고 돌아오던
마실 길에서 떠올린
누군가 나를 지켜주고 있다는
생각

세상 일 잘 풀리지 않을 때
아뿔싸, 잊었구나 그런 믿음

도예촌서 돌아오는
길모퉁이

괜한 헛기침

제2부
학봉리 詩抄

나의 정원은

내 정원은 어림잡아
이십만 평도 더 넘는다
서쪽엔 연꽃 봉우리처럼 생긴 산이 보이고
멀리 쌀개봉으로부터 훑어 내리면
삼불봉을 거쳐 임금봉까지
능선이 이어져 있다
내 정원은 밤마다 휘황한 불빛이 켜진다
샹그릴라, 발리, 알프스, 칼튼, 프로포즈
구름에 달가듯이, 이뭣고
복숭아꽃살구꽃, 내 정원은 연중무휴로
크리스마스 이브 같다
밤마다 나도 들뜬다.

이사하는 날 · 2

묵은 세간들 대강 버리고
계룡산 국립공원 취락지구
학봉리 마을회관 2층집으로 이사하는 날
마을 할머니들이 반가워했습니다
인사하는 내게 "오래만 사슈" 하면서
아이들처럼 기뻐했습니다
적당히 치매기도 있는
어머니 같은 할머니들
아파트 노인정에서
젊은 도시 출신 할머니들이
너무 늙었다고 천대한다는 소문에
구순의 어머니 편하게 모시고 싶었는데
딸네 집까지 돌아보고 오신다던 어머니가
돌아가셨습니다, 이사하기도 전에
돌아가셨습니다
눈물이 났습니다, 눈물 사이로
아들이 퇴근하면 맨발로 뛰어나와 반기던
내 어머니의 얼굴이 보였습니다

어머니가 보고 싶습니다.

빛에 대한 영상

아침 햇살은
오월의 숲
연녹색 이파리 위에서 찬란하다
나무는 환희에 차 있고
빛무리에 싸여 해살 대며
환희로운 빛의 메시지를 보낸다.
나의 하루는 그 은총으로
어두운 사람들의 부조화 속에서도
능히 버틸 수 있다
온 대지에 꽉 찬 사랑
내 어머니 품 같다
온화로운

봄밤에

봄비는 내려 쌌지요
벚꽃잎은 그 비에 풀풀 날려 쌌지요
개구리는 울어 쌌지요 바람은 불지요
아, 난 취홍에 겨워 밤새 혼자서
기타를 치며 노래를 불러댔습니다
임금봉 아래 러브호텔
네온간판을 바라보며
삼경이 지나도 그만두지 않았답니다
어느 봄날 밤이었습니다.

담이 높은 집

사기를 굽던 마을 사기소
사기소교를 건너
담이 유난히 높은 집을 지나
집으로 오는 길

으레 그 집 안 사정이 궁금하여
대문 창살 사이로 한 번씩 들여다봐진다

알고 보니 아는 분과 선후배지간이다
자식들은 외지로 내보내고
큰 집에서 두 부부만 살기에 적적하다고
지하에 방이 있으니 같이 살자고 한다

나는 감사하지만 싫다고 했다
담이 높아서 그렇다고는 말하지 않았다.

산책

밤이면 마누라와 산책을 한다. 사기소 길을 걸어 주차장을 지나면 동학사 가는 길이다. 들어가는 입장료가 너무 비싸 매표소 앞에서 돌아와야 한다. 집으로 돌아오는 길가엔 카페가 즐비하다. 휘황한 불빛과 음악이 흘러나오는 카페 앞에는 슈퍼가 하나 있는데 그 집이 나의 단골이다. 땀을 흘리고 야외 탁자에 앉아서 앞집 카페에서 흘러나오는 음악을 들으며 캔 맥주를 마시는 것이 나의 습관이다. 이 동네는 관광지라서 술값이 너무 비싸다. 오늘은 어제 마신 술이 과하여 쉬려고 하는데 마누라가 가자고 보챈다. 못 이기는 척 집을 나선다. 오늘도

서향집

까치는 어떤 나무에 집을 짓더라도
동남향으로 문을 낸단다
태풍이 부는 해는 미리 알고
문의 방향을 바꾸어낸단다
그런 해에는 도토리가 많이 열린단다
생명의 위협을 느끼고 씨를 많이 만든단다
내가 사는 집은 서북으로 온통 창문이다
북쪽에 장군봉 서쪽에 쌀개봉이 보여
계룡산을 모두 정원으로 쓰긴 하지만
여름에 덥고 겨울에 춥다
유난히 비가 많이 오고 무더운 입추 무렵
지는 노을조차 덥다.

흔적

눈이 풀풀 내리는 어스름녘
아스팔트길을 건너다가 산짐승이
교통사고를 당했다

집으로 돌아가는 길이었을까
온기가 모락모락 피어오르고
형체를 알아볼 수 없는 작은 시신

대형 트럭 바퀴가 그 위를 또
지나간다

몇 시간 후
진눈깨비 질척이는 거기
흔적조차 없었다

서설瑞雪

산 아래 마을
빼곡한 집과 나무
도로 위로 자동차는
씽씽 지나가고
분주한 하루가 저물고

유리창 너머 보이는
어둑한 풍경화 위로
새하얀 점들이 춤을 추고 있다

한참의 침묵이 흐르고
단순한 명암만 남은 그림 한 폭
나를 설레게 만든다

나의 바램은 창밖 풍경처럼 담백한
시 한 수 쓰는 일, 하얗게
하얗게 살아가는 일이다.

소나무

곧은 나무만 있으면 심심할 거다
잘난 척할 수가 없으니까
굽은 나무만 있으면 더 재미없을 거다
못난 줄 모르니까

한옥은 곧은 놈과 굽은 놈을 다
버리지 않는다는
솔숲을 걷다가 문득 떠오른 생각

그래도 곧은 놈이
더 맘에 드는 것은 어쩔 수 없지만
모진 풍상에 버티고 서 있는 모습이
이쁘다, 다 이쁘다.

마누라

옛날 어느 때는 아내를 높이는 말로
마누라라고 했단다, 아내가 남편에게
자네라고도 했단다

내 아내는 사십이 넘더니
남편의 자리를 지키려는 내게
양보하거나 참지 않고 자꾸
따지려 한다, 자기의 몫을
톡톡히 차지하려고 한다

불안한 시대에는
남자가 먼저이고 화평한 시대에는
여자가 우선인데

나는 오늘부터 내 아내에게
마누라라고 부르기로 했다, 머슴으로
복종하며 화평한 시대의 종말을
보내기로 했다

오늘은 새해 아침
나는 묻는다, 남자들이여
그대는 진정 화평한가.

가을전어

가로등 불빛 받은 은행잎은
벌써 단풍들었다
나무 아래 집나간 며느리도
전어 먹으러 돌아온다는
가을전어를 파는 트럭이 서 있다
퍼덕이는 고기를 다루는 남자의
능숙한 손길에 술안주로
간이탁자에 놓인 전어
달콤한 맛이 혀끝에 느껴지는 순간
구급차가 사이렌을 울리며 성급히 지나간다
빈 라덴을 향한 포탄이 난사되는 날 밤
가을은 시나브로 깊어만 가고
누군가가 새겨놓은 간이화장실 낙서는
무사할 것이다.

숙맥

쑥을 모르는 사람이 있다
벼를 쌀나무라고 하며 어떻게 생겼느냐고
묻는 사람이 있다
빌딩숲에서만 자라 돈 버는 일은
잘 아는데 사람 다루는 일은 잘 아는데

모항에 가면 돈 버는 일도
사람 다루는 일도 모르는 사람이 두엇 있다
쑥 같은 누이와 머슴 같은 엉아가
이웃하여 땅이나 파며 그러구러
숙맥처럼 살고 있다

어제는 밤하늘을 바라보다가
별이 유난히 큰 모항엘 가고 싶었다
가서 얼싸안고 숙맥이 되어
거방지게 한판 놀고 싶었다.

민들레를 만나고 싶다

민들레꽃을 보셨나요
지천에 깔린 노란 꽃이 아니라
하얀 민들레꽃
고향집 뜰 구석 양지에
하얗게 솟아오른
순결한 토종을 보셨나요

한국인을 보셨나요
겉이 아니라 속까지 하얀
우리의 할아버지
할아버지의 수염처럼 하얀
그 지조를 보셨나요

떼놈에게 잡혀가서
수청 들기를 거절하고 굶어죽었다는
무덤가에 피어난 꽃, 민들레
고향으로 돌아가고 싶어 하얀 날개를 달고
바람에 날리는 그 꽃씨를 보셨나요.

경허를 만나면 경허를 죽이고

있음有을 버린 곳에 없음無이 나고
없음無을 버린 자리에 빈空 것이 나고
빈空 것조차 버리니 오직 있음實相뿐이네

아, 하늘소리 장엄하고
하늘빛 오묘하구나

코 없는 소無鼻孔는 자유자유 하고
목사리 없는 개도 자유자유 하더라
소를 몰고 가는 나그네야
그 소 멍에 벗겨 놓아주고
복사꽃비 내리는 주막 뜰에 앉아
탁주나 한 잔 하세나

빛과 어둠 사이

장맛비 이후
풀벌레소리 요란한 어둡고 습한 밤

멀리 가로등 불빛
꼬불탕한 마실 길을 걷고 있다

어둠 속의 빛이 고맙다

전등은 그냥 켜져 있고
나는 내 길을 가고

빛으로 인하여 어둠을 보고
어둠으로 인하여 빛을 아는데
빛과 어둠은 서로를 조우하며
그냥 있다

빛과 어둠 사이
내가 서 있다.

하늘을 바라보다가

내 목숨의 시간은 가을 언저리

맑은 하늘을 본다
하늘을 허공虛空이라 한다
비고 비었다고 한다

터엉 빈 하늘虛과 꽉찬 하늘空

아버지와 어머니가 내게 퍼준
맑은 정처럼
퍼내도 퍼내어도 마르지 않는
하늘 샘물이
보이지 않는 내를 따라 내게로 흘러
그걸로 나는 살아왔을 것이다

맨 처음 누가 이걸 알아냈을까

혼자 빙긋이 웃는다.

거미줄

오고 가는 사람과
사람이 거미줄처럼
보이지 않는 줄을 잇고 있다

오늘 밤만은 나는 미아
돌아갈 곳을 생각한다

살다가 가끔은 일탈하고 싶어질 때가 있다

누가 나를 갑자기 납치한다
잘 아는 사람이다

아뿔싸, 인드라망
거미줄에 걸렸다.

길

길이 있다
누가 지나갔는지 발자국 몇 개
내가 가는 길이 옳다고 믿는다

이 세상에 길은 너무나 많아
갈래길 앞에서 서성인다

가만히 보면 길은 없다
숲이 훤히 보이는 산언덕
꼭대기를 바라보며 걸을 뿐이다

이 세상에는 길이 많아
너무나 많아

천국天國

보름달을 등불삼아
같이 산을 오르던 친구는
도시를 내려다보면서
서양의 어느 공동묘지 같다고 했다

어둠 속에서 지천으로 깔려
별처럼, 구원처럼 빛나는
십자가

붉은 십자가 아래 사람은
천국으로 가고 싶어 하고
녹색 십자가 아래 사람은
이 세상에 남고 싶어 한다

저 도시, 바로 천국이다.

화장실에서

도시의 빌딩 화장실에서
참았던 오줌을 누고 있는데
지하 노래방과 위층 교회에서 들리는 노랫소리가
화음을 이루며 들려온다

확실한 것은
노래를 부르는 것과 배설하는 것 모두
즐겁다는 것이다, 이 순간 나는
천국이다.

내 몸은 신神이다

노란 맥주를 마시고
누고 누고 또 눠봐도
맑은 오줌이다, 텁텁한
막걸리를 마셔봐도 마찬가지
무엇이든 걸러내는 내 몸은
신이다, 적어도 이 세상에서
내 몸보다 더한 전지전능은
아직 보질 못했다.

하늘북

겨울밤 하늘은 북이다

내 마음속 북채로 하늘을 치면
둥둥둥둥
별은 하나 둘 튕겨나가고
온 누리 가득 퍼진다

외진 숲길을 걷다보면
어젯밤 떨어진 별들과 만난다

빈 가지에 걸려
아침 햇살에 영롱히
빛나는 별

나무는 비로소 춥지 않다.

질투

졸음운전을 잘 하는 내게 후배가 여비서를 하나 붙여줬다. 시동을 걸면 안전벨트를 매라 하고, 톨게이트와 휴게소를 미리 알려주고, 급커브와 위험구간을 알려준다. 감시카메라가 있으면 미리 알고 내게 속도를 줄이라고 말해준다. 말을 듣지 않으면 경고음을 울리며 천천히 달리라고 야단이다. 아마도 내가 보기에 그녀의 눈은 천리안이다. 그의 귀는 하늘의 소리를 듣는 것 같다. 야간운전을 해도 졸지도 않고 잠도 없다. 지치지도 않는다. 계속되는 그녀의 잔소리에 나는 졸 수가 없다. 월급을 주지 않아도 불평도 없고 예쁜 여자를 태워도 질투하지도 않는다. 어느 날 내 마누라를 태웠더니 그녀의 목소리가 시끄럽다고 투정을 부린다. 내 마누라는 그녀를 질투하는 것 같다. 나는 완벽한 그녀가 두렵기조차 하다. 그래서 그의 말을 아주 잘 듣는다. 내가 무슨 짓을 하든 내 마누라도 그녀 같았으면 좋겠다.

얇은 천 하나만으로

얇은 천 하나만으로
너와 나의 살피를 갈라놓을 수 있다
거짓을 진실로 포장할 수 있다

얇은 천 하나만으로
가슴에 이글거리는 무엇을 숨길 수 있다
흐트러진 것들을 보자기에 싸듯
미완의 내밀한 가슴을
현란하게 치장할 수 있다

아침햇살이 안개를 걷어내듯
베일을 걷고 알몸으로 만나는 날
외로움의 울타리 없는 하늘 파장으로
너와 나는 만나는 것이다

얇은 천으로 가려진 침대 위
한 존재가 외롭다.

원시遠視

멀리 보며 살라고 한다. 이제는 그만하면 볼 것 못 볼 것 다 보았으니 세상사 내려놓고 멀리 보며 살 때가 되었다고 한다. 마음은 초여름인데, 아직도 보고 싶은 것이 많은데, 공부가 덜 돼서 가까이 볼 것이 많은데, 눈은 내게 이제는 쉬고 싶다고 한다. 그렁그렁 잡다한 일 보고 싶지 않다고 한다.

거울을 본다. 가을이 오고 서리도 내렸다. 그래도 눈빛은 아직 살아 있다고 자위해 본다. 눈은 그런 나를 보고 비웃는다.

만년필을 찾습니다

만년필을 찾습니다. 십여 년 전 손윗동서가 좋은 시 쓰라며 졸업선물로 사준 몽블랑 만년필을 찾습니다. 하얀 모자를 쓰고 검은색 투피스에 황금색 벨트를 한 날씬한 몸매의 만년필을 찾습니다.

만년필을 즐겨 쓰는 내게 얼마 전 지인이 자기는 쓰지 않는다고 새로 선물한 만년필을 쓰느라고 전에 쓰던 만년필에겐 소홀했었는데 그놈이 그걸 알고 떠났는지 아무리 찾아도 통 보이질 않습니다. 새 만년필은 선이 굵고 두툼하여 요즈음의 내 취향에 맞아 더 좋았습니다.

오래 묵어 애지중지하던 물건이나 사랑하는 사람이 떠난 뒤의 애틋한 그리움은 쉬 잊혀지지 않습니다. 몽블랑산 꼭대기 눈은 아직 녹지 않았는지 궁금합니다. 많은 걸 가졌으면서도 소유욕을 버렸다고 생각하는 내게, 너는 아직 멀었다고 비난하며 떠난것 같아 씁쓸합니다. 젊은 날 자기만을 사랑하지 않는다고 떠난 여인 같아 쉽게 잊혀지지 않습니다. 뚜껑에 약간 금이 간 몽블랑 만년필을 찾습니다.

Black & White

— 詩木에게

캄캄한 어둠 속에서
옴죽옴죽거리다가
엄청난 속도로 풀무질이 시작되었다

어느 날 한 존재가 말하였다
구멍에서 나와서 구멍으로
돌아간다고 모든 것은
구멍으로 통한다고

그가 말하기 전에도
후에도
잘 먹고 잘 싸고 있다

나도 우주다.

수저를 들다가

상 중의 최고상은 밥상이다

상 뒤에 가려진 씁쓸한 소문

밥상만 받기로 했다
배부르고 등 따시면 그만이란 말
믿기로 했다.

나더러 어쩌란 말이냐

가을이 깊어간다, 나더러 어쩌란 말이냐

가을비가 내리고 있다, 나더러 어쩌란 말이냐

노오란 은행잎이 바람에 쓸리고 있다, 나더러 어쩌란 말이냐

들판이 텅 비어가고 있다, 나더러 어쩌란 말이냐

내 가슴도 텅 비어간다, 나더러 어쩌란 말이냐

이유 모를 갈증을 어쩌란 말이냐.

환경보고서

1985.
하나만 낳아 잘 기르자는
보건소 직원은 애들이 다섯
말 잘 듣는 나는 하나만 낳았는데
요즈음 셋 나면 보조금을 준단다

1990.
녹색운동가의 집에 구청으로부터
쓰레기를 무단으로 버린
범칙금 고지서가 배달되었다.
쓰레기 속에 편지봉투에 쓰인
주소가 발견되었다고 한다

1995.
유기농으로 포도를 농사짓겠다던 목사가
여름 한복판 무성히 커 오르는 풀을 뽑지 못하고
그라목손을 뿌렸다

2000.

유기농으로 지은 농산물만 먹는
사십대 여자는
라면과 과자를 유난히 좋아한다

2005.

부부간의 불화를 해결해 주던 상담가가
이혼했다는 소문이 들렸다

2007.

유가상승
수재 화재 전쟁 납치
전화, 인터넷 사기
남극과 북극의 얼음이 녹고 있다
고열에 몸살을 앓고 있다

며칠 전,
서해안에서 유조선 사고로

사상 최대의 원유가 방류되었다

아, 그리운 만리포.

스승과 술

서산에 지는 노을을 보며
추하다고 하는 사람 있느냐
시와 술과 담배로 한 시대를 반역하던
나의 스승은 타협을 몰랐다
노예들의 합창이나 볼가강의 뱃노래를
부르다가 뜸부기로 넘어가면
웬만한 술꾼은 다 도망가고
미련한 나만 남아서 집 앞까지 모셔다드리지만
집 앞 참새집 젊은 처자는
우리를 유혹하곤 했다
너만 만나면 술 생각이 난다던 말로
여지없이 술집으로 향하던 우리의 만남
미운 정 고운 정 다 들어 이제는
연민만 남아 있는 그와 나,
늦은 가을녘 노오란 잎을
발아래로 슬슬 떨구는 소나무처럼
항암제 투여로 백발의 머리를
떨구면서 이제는 술과 담배를 버리고

암과 같이 살아가겠노라는 그 말씀 앞에서
나는 무력하였다.

그날에

내가 하는 일이
하늘과 땅이 원하는 일이 되게 해 주십시오

내가 하는 일이
온 인류에게 해가 되지 않게 해 주십시오

내가 하는 일이
우리를 불안케 하는 나쁜 기운을 몰아내고
그들의 공격에 의로운 방패가 되게 해 주십시오

지구촌 유일의 분단된 한반도

내가 하는 일이
봄날의 꽃바람이 봄눈을 녹이듯이 고단하지 않게
자유와 평화로 이 땅이 하나 되어
동방의 등불*로 빛나게 해 주십시오

그 빛이

기아와 테러, 폭력이 폭력을 부르는 지구촌 끝까지 밝혀
그들을 자유자유 하게 해 주십시오

가만히 뒤돌아보면
수많은 험한 길, 산과 강을 지났습니다
모진 비바람도 맞았습니다. 이제는
무서울 것이 없습니다

내가 한 일과 하는 일을 아무도
아무도 모른다 하여도 나의 뜻을 이루기 위하여
나의 일을 다할 수 있게 해 주십시오.

* 동방의 등불 : 타고르의 시

해설

불꽃, 그 허虛와의 만남

조 재 훈(시인, 공주대 명예교수)

1

언제, 어디서 그를 처음 만났는 지 나는 잘 기억하지 못한다. 그가 보내준 긴 제목의 첫시집, 『땅처럼 물처럼 불처럼 바람처럼』이 첫대면이지 싶다. 그게 1983년의 일이었다. '처럼' 이 숨가쁘게 연속되는 어투에서 나는 대뜸 치기를 느꼈으나 그 속에는 무언가 우리의 가슴을 치는 돌덩이 같은 것이 있었다.

그것은 크게 두 가지였다. 하나는 추천이니 뭐니 하는 제도를 깡그리 무시하는 오만한 패기였다. 나중에 그 5년 뒤

엔가 이른바 '문단' 진입의 제도적 수순을 밟아 나로서는 적이 실망하였으나, 시골 무명 시인의 애로를 안타까운 대로 받아들여야 했다. 그러나 그는 문단(그 주변부 지방 문단도 포함된다.)의 변두리에서도 젊은 기백을 보여주었다. 남을 밟고 일어서려 하거나 유명세를 타려고 하지 않았다.

또 다른 하나는 강한 시적 자아가 넘쳐나 뭔가 원초적 감성이 싱싱하게 살아 정서적 충격을 내장하고 있다는 것이었다. 문단의 어느 유파라든가 무슨 현대적 시의 기교 같은 것을 거들떠보지도 않는 태도가 거기에 있었다. 시의 정도라 할까 그의 그런 반골적 기질은 이번 시집에도 잘 나타나 있다.

대전 특유의 어수선한 문학(단) 모임에서 몇 차례 만난 그는 늘 주변부에 있었고, 곧았으며 뜨거웠다. 바로 그가 그의 시였으며, 그의 날카롭고 뜨거운 시가 바로 그 자신이었다.

2

다섯 번째가 되는 『희망교를 건너며』는 그의 사십대의 삶을 진솔하게 담고 있다. 구체적으로 말하면, 계룡산 동쪽 기슭의 두 마을에서 살았던 삶의 반영이다. 한 곳은 현재 도예마을로 알려진 상신리요, 다른 한 곳은 그곳으로부터 작은 산을 돌아 동학사로 가는 큰 길처의 학봉리다. 언제인가 우연히 그를 만난 자리에서 어떻게 지내느냐고 지나가는 말로 물은 적이 있다. 상신리에서 살면서 대전으로 출퇴근 한다고 했다. 또 몇 해 뒤 무슨 모임에서 그를 만나 조금은 건성으로 아직도 그곳에 살고 있느냐 물었더니 학봉리에서 산다고 하면서, 사는 집이 새마을 회관 2층이라 했다. 마을 회관이라 노친네들이 많이 모여 노모께서 좋아하실 거라며 좋아했는데 그만 거기에 가기 직전에 노모께서 세상을 떠났다고 했다. 핵가족을 고집하면서 아내가 하자는 대로 따르는 요즈음의 젊은이들과는 다른 사람이구나, 그런 생각이 나를 감동케 했다.

상신리는 뭔가 신비의 느낌을 주는 동네다. 지금은 이전과 많이 달라 서양식 건물이 많이 늘어서 있어 부잣집 별장 동네 같은 느낌을 주지만 몇십 년 전만해도 아주 달랐다. 내가 그 마을을 처음 찾아간 것은 60년대 중반이었다. 마을 입구 쪽을 하대 상신리라 불렀다. 입구의 바른쪽 야트막한 산은 그때만 해도 도자기 파편으로 쌓여있었다. 개울을 따라 올라가다보면 선돌이 서 있었고 그의 검은 몸에는 새끼줄이 감겨 있었다. 물레방아도 천천히 돌아가고 있었으며 그 옆에 거적으로 문을 단 주막도 있었다. 한밭서 계룡산 갑사를 통해 개명 공주로 가는 옛 길처이기도 했다. 그 주막거리를 상대 상신리라 했다. 거기에는 허물어진 절터가 있었다.

지금도 당간이 서 있으며 좁은 골목길이 거개 돌담을 두른 나지막한 집들 사이에 나 있었다. 예부터 전해 오기를 구룡사九龍寺라는 거찰이 거기에 있었다고 한다. 어느 해 홍수가 심해 떠내려갔다는 게 그곳 촌로의 말이었다.

계룡산은 중국의 당나라에까지 알려진 명산이다. 그 동서남북에 사찰이 건립되었다. 동에는 동학사, 서에는 갑사, 남에는 신원사, 북에는 구룡사(공주사대 박물관팀의 발굴조사 보고서에는 와편에 맥(麥)과 유사한 명문만 발견되었다고 한다.) 가 각각 계룡산의 기둥처럼 서 있던 셈이다. 그래서인지 구룡사가 있었다는 상대 상신리는 더 영기가 어려 있는 느낌을 주는 곳이었다. 그 공간에서 한수 시인이 한철을 보낸 것이다.

상신리가 산으로 폭 에워싸여 동쪽으로 문을 열어 놓고 있다고 하면 학봉리는 동학사로 가는 입구이자 계룡산 동쪽에서 내려오는 하산의 종점에 위치한 마을이다. 사하촌이라 할까 그런 곳이다. 동학사는 현재 비구니의 학승들이 정진하는 곳인데 한때에는 근대 선종의 중흥자인 경허 스님의 강학으로 유명한 절이기도 하다. 또한 고려말 삼은의 위패를 모시고 있는 삼은각이 사찰과 나란히 서 있는 곳이기도 하다. 이 대목에서 『정감록』을 떠올릴 수 있다.

한韓시인이 살았던 곳은 각종 음식점과 호텔 등 위락 시설이 밤낮으로 바쁘게 운영되는 도시풍의 모습을 보여준다. 그런 점에서 상신리와는 대조적이라 할 수 있다.

3

여기 두 공간에서 시인은 시의 내적 성장을 보여준다. 그 층차를 명료하게 정리하기는 어렵다. 그러나 무구한 자연(그것을 '원자연'이라고 해도 좋다)과의 교감을 통한 삶의 이해가 그의 시들로 포괄하고 있다. 어느 것 하나 자연을 떠나 존재할 수 없다는 자각이 하나의 형이상학으로 자리잡고 있기 때문이다. 삶으로서의 자연이 무엇인가를 그는 자연으로서의 삶이 무엇인가로 번역하며 그 근저에는 노장 또는 불교가 어른거린다. 그가 만나는 '허虛'는 그러한 결과의 하나다. 다음과 같은 시는 그런 현상의 단초를 보여준다.

1.

소슬바람에 쏟아진 / 노오란 은행잎이 허전하다

제 발치로 잎을 떨구고 서 있는 / 빈 나무가 허전하다

끊이지 않았던 / 여름날의 사람들은 기척이 없고
열린 대문이 허전하다

빈 시간이 그저 허전하여 / 주막골 구판장 간이의자에서
조각달을 친구삼아 / 비운 막걸리 잔이 허전하다

2.
허전한 날이 거듭되면 / 허전하면 허전한 대로 / 마냥 즐겁다

툇마루에 앉아서 / 늦가을 햇빛과 놀다가

가을빛에 빠진 삼불봉을 멍청히 / 쳐다보다가

이런저런 생각들이 슬며시 왔다가 / 슬며시 달아나는 모습들을
그냥 바라보다가

나사 몇 개쯤 빼놓고 사는 / 허전한 날이면
보이지 않던 것을 볼 수 있어 / 마냥 즐겁다.

—「적요寂寥한 날」 전문

이 시에서 철학적 또는 종교적 허虛와 허무를 찾아내는 일은 어리석다. 그러나 1.의 '허전하다' 를 이끌어내는 자연

과 2.의 '보이지 않는 것을 볼 수 있'는 시력視力의 발견은 사뭇 예사롭지 않다.

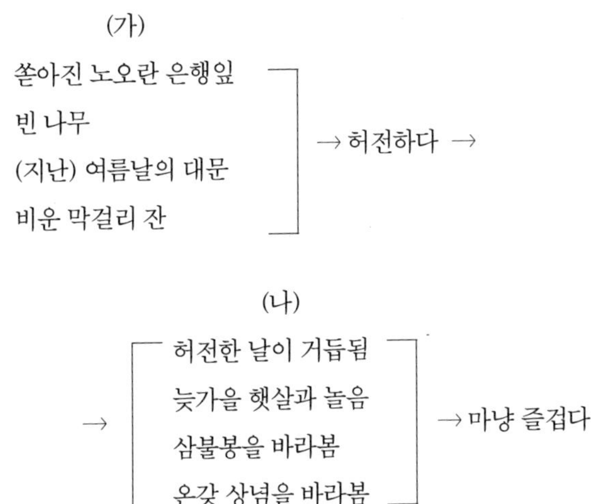

(가)의 항은 시인으로 하여금 '허전'하게 만드는 보조관념들이다. 이것들은 한결같이 비도시적인 자연물이다. '소슬바람에 쏟아진 노오란 은행잎 → 잎을 다 떨군 (은행) 나무'로 진행되다가 '여름날 대문 → 주막골 구판장'으로 공간이 이동된다. 뒷부분의 공간은 몇 가지 중층적 함의를 내포하고 있다. 무성한 여름처럼 많은 욕망을 가지고 드나들던 '대문'(사립문이 아니다.)이 이제 인적이 끊긴 채 '열려' 있는 것이다. 세속의 한 모습이기도 하고 욕심을 비운

현자의 상징이기도 하다. 비어 있는 공空의 '대문' 은 '주막골 구판장 간이의자' 와 오버랩 된다. 거기에는 '조각달, 비운 막걸리잔' 의 소도구가 배치되어 있다. 그 위에 피로에 지친 가난하고 고독한 한 사람(시인)이 어른거린다. 시인은 이러한 현상들을 싸잡아 '허전하다' 고 말한다. 허전은 '허虛' 이며 무엇인가 남아있는 '아쉬움' 이다. 모든 것을 버리지 못하는 그러한 경계에 있다. 이러한 (가)항은 2.에 가서 백팔십도로 바뀐다. '허전' 함에다 또 '허전함' 이 거듭되지만 이제 '허전함' 은 역설적으로 '즐거움' 이 된다. 그것은 어린애처럼 '툇마루' 에 앉아 '늦가을 햇빛' 과 놀다가 고개를 들어 멀리 '삼불봉' 을 '멍청히' 쳐다보는 행위로 나타난다. '햇빛' 이 지닌 무형의 밝음과 그리고 그것과의 천진한 장난, 그건 그렇다 치고 '삼불봉' 을 주목해야 한다. 간과해서는 안 될 견인력이 거기에 있기 때문이다. 이 시에 보이는 '삼불봉' 은 구체적으로 계룡산의 봉우리 이름이다. 계룡산 봉우리 중 제일 높은 봉우리는 아니지만, 어느 풍수에 밝은 노스님은 삼불봉을 일러 계룡산의 중심이라고 말하기도 했다. 아미타불, 관세음보살, 대세지보살을 일컫는 세 봉우리로 된 이 봉우리는 불교의 이상향을 담보하는 궁극의 귀의처이다. 이러한 봉우리를 화자는 무심하게 '멍청히' 쳐다본다. 예사롭지 않은 탈속의 경지이다. 이런 망아忘我 속에서 '마냥 즐겁다' 는 것은 마음 닦는 자만이 가능한 세계다.

(가)항의 허전함 — 속俗이 (나)항의 즐거움 — 성聖으로 옮아가는 과정은 〈늦가을〉에 일어난다. '늦가을' 은 '봄 · 여름' 을 거쳐 '겨울' 로 접어드는 입구의 계절이며 이것은 시인의 '적요' 한 현세적 시간의 단계와 일치한다.

4

이 시집에는 '술' 이 심심찮게 등장한다. 앞의 장에서도 인용한 「적요한 날」에서도 산골 구판장 간이의자에 앉아 혼자서 조각달 벗삼아 막걸리잔을 비우는 대목이 나오지만, 여타의 적지 않은 시에도 술 취한 정경이 나타난다.

늦은 밤 술에 취해
아내와 노래 부르며
터덜터덜 걸어서
둬 시간 거리이다

— 「희망교」 부분

「희망교希望橋」라 제한 시의 중간 부분이다. 그가 사는 상신리 산골 마을의 어구에 있는 다리의 이름이다. "내가 사는 집은/ 그 다리 건너 개울 따라/ 외길 십여 리" 의 그 다리이다. 술은 그의 좌절한 절망을 다리의 이름대로 '희망' 으로 바꾸어 준다.

특히 시와 술은 촌수가 아주 가깝다. 동서고금이 마찬가지다. 춤과 노래와 시가 한몸으로 타오르는 축제는 술을 핵심으로 한다. 우리의 무천, 동맹, 영고 등이 그러하며 서구의 많은 페스티발이 또한 그러하다. 술을 빼놓고 포우와 보들레르 또는 이백이나 두보를 어떻게 이해할 수 있겠는가, 술은 시의 영감이며 흥의 원천으로 작용하였고 인간의 고뇌를 어루만져 주었다. 물론 그 역작용도 적지 않아 무슬림의 경우, 술을 죄악시하기도 하지만 인간의 낙관적 전망과 상상력의 확대를 위해 크게 기여한 바를 부정하기는 어렵다.

도시 일터를 벗어나 술 몇 잔에 취하여 마중 나온 아내와 함께 산골집을 찾아가는, 홍겨우면서도 조금은 쓸쓸한 내용을 담은 이러한 시는 우리를 따뜻하게 해 준다.

실개천 / 둑길 따라
지천으로 피었던 / 할미꽃

오늘밤은 / 할애비 수염 / 성성적적惺惺寂寂

찬란한 별밤

밤이 좋아 / 달밤이 좋아

아내와 나는 / 비틀비틀
별은 껌뻑껌뻑

—「취중귀가중醉中歸家中」 전문

그의 「취중귀가중醉中歸家中」의 전문이다.

찬란한 별밤이다. 공기가 맑아 그럴 것이다. 냇물이 흐르는 실개천의 둑길은 지난봄 할미꽃이 지천으로 피어있던 길이다. 그 길을 여름날 중년의 내 · 외가 얼근히 한 잔 술에 하루의 피로를 풀며 홍겹게 집을 찾아 걸어가고 있다. 술에 취한 내외의 '비틀비틀' 과 별의 '껌뻑껌뻑' 이 주는 의태어의 묘미가 뛰어나다. 지상의 좁은 길을 걷는 자의 조금은 불확실성의 비틀거림과, 그것을 내려다보는 천상의 별이 돌보아 주듯 껌벅거리는 눈동자가, 서로 대조적으로 호응한다. 쉽게 보아넘길 수 있는 이 시에서 우리를 긴장하게 하는 대목은 둘째 연이다. " 오늘 밤은 할애비수염" 은 무엇이며 "성성적적" 은 또한 무슨 말인가. 할미꽃은 그 꽃잎이 모두 떨어진 뒤 하얀 꽃술 가닥이 마치 할머니의 머리칼 같고, 또 피어있을 때의 고개 숙인 것처럼 숙이고 있기 때문에 붙여진 이름이다. 그런데 술취한 오늘 밤은 "할애비수염" 으로 보인다. 아마 아내에 대한 자기 스스로의 희화화일시 분명하다.

그러나 취중진담이라더니 "성성적적"이 우리를 놀라게 한다. '성성'이라는 문자가 별(星)을 갖고 있어서 무슨 마음(忄)의 별이겠지 해서는 안 된다. 사실 이 네자의 성어는 선가禪家에서 상용하는 선어禪語이기 때문이다. 전등록이나 선문염송집 등에 이 어휘는 빈번하게 출현한다. 그것은 한마디로 깨달음(覺)의 경지로서 확철대오를 가리키는 말이다. 이 시인이 어떤 깊은 경지를 드러내려고 의도적으로 쓴 말이라고는 확신할 수 없으나 장식藏識에서 자연스럽게 드러난 빙산의 일각이 아닐까 그런 생각이 드는 것이다. 경허鏡虛에 관한 두 편의 시가 그런 사실을 증거해 준다. 「경허의 칼」, 「경허를 만나면 경허를 죽이고」가 바로 그것이다. 아마 이것은 동학사와 가까운 학봉리, 상신리에서의 삶과 시인의 태어난 고향이 경허가 깨달음을 얻은 서산 고북의 천장사와 가까운 데에서 영향을 받은 것이라 짐작된다.

「경허의 칼」은 단호한 경허의 깨달음을 경책警策으로 삼는 시이다. 날카로운 긴장이 전편에 팽팽하다. 후자의 시는 경허의 깨달음을 드러내줌으로써 그것을 역설적으로 거부하고 있다.

있음有을 버린 곳에 없음無이 나고

없음無을 버린 자리에 빈(空)것이 나고
빈空 것조차 버리니 오직 있음實相뿐이네

아, 하늘소리 장엄하고
하늘빛 오묘하구나

코없는 소無鼻孔는 자유자유 하고
목사리 없는 개도 자유자유 하더라
소를 몰고 가는 나그네야
그 소 멍에 벗겨 놓아주고
복사꽃비 내리는 주막 뜰에 앉아
탁주나 한 잔 하세나

―「경허를 만나면 경허를 죽이고」 전문

경허鏡虛는 전등의 법맥을 이은 그야말로 우리나라 근대 선불교의 중흥조다. 그는 아홉 살에 아버지가 별세하자 어머니를 따라 형(泰虛)과 함께 청계산에 출가, 행자살이로 시작, 그 뒤에는 동학사의 만화강백을 스승으로 삼아 불교 경전을 물론 노·장까지 섭렵하였다. 그 결과 스물 셋에 동학사 강원의 강사로 이름을 떨쳤다. 그의 나이 서른을 넘어 청계사를 찾아가던 도중 천안쯤에서 역병이 퍼져 집집마다 시신이 널려 있는 것을 보고 생사의 경계를 깨닫게 되었다.

다시 동학사로 돌아와 강원을 폐쇄하고 용맹정진에 몰입했다. 그때, 한 사미승이 하는 '소가 되어도 고삐 뚫을 구멍이 없다' 는 말을 우연히 듣고 즉각 크게 깨우쳤다. 그 다음해 형님이 어머니를 모시고 주지로 있는 고북의 천장암을 찾아 전력투구로 보임했다. 때로는 천장암 입구의 너럭바위 제비바위(燕巖)에 앉아 명상에 잠기곤 했다. 마침내 서른셋에 크게 깨쳐 오도송을 지었다. 그 노래는 이렇다.

忽聞人語無鼻孔　頓覺三千是我家
六月燕巖山下路　野人無事太平歌

홀연 콧구멍이 없다는 말 듣고
즉각 세상이 내집임을 깨달았네

유월 연암산 아랫길엔
들사람 맘놓고 태평가를 부르네

경허는 유명사찰을 떠돌며 선을 선양했으며 만공을 법제자로 삼아 예산 덕숭산의 선맥을 키웠다.

경허를 깨닫게 한 기연으로서의 '콧구멍 없는 소(無鼻孔)' 이야기를 이 시에 담고 있다. 시인은 그 깨달음을 '자유' 라고 파악한다. 사실 불교의 대오大悟는 깨달음의 이치에 따라 대자유를 낳으며, 한편 자유와 사이가 좋지 않은 평등과 전광석화처럼 결합된다. 대자유라고 부르는 이유이다. 여기에서 거침없는 '무애' 无碍의 세계가 열리는 것이다.

시인 한 수의 어디에도 얽매지 않는 심성이 여기에 닿아 있으며 그것이 자연스럽게 시로 드러나고 있다. 풀어보면 이렇다.

복사꽃비 내리는 화창한 봄날
나그네 쉬었다가는 허름한 시골의 주막 좁은 뜰팡에 퍼질러 앉아
지나가는 나그네여(또는 경허여, 친구여)
막걸리 한 잔 목 축이며 껄껄 웃세나.

복사꽃 핀 것을 보고 중국의 어느 옛스님은 크게 깨달았다고 하지 않던가, 필자는 이 시인이 깨달음이 아니라, 깨달음으로 가는 그런 진지하고도 아름다운 과정의 서정시를 썼으면 한다.

5

시도 역시 반영이다. 리트머스 용지다. 물론 서사문학으

로서의 소설을 따를 수는 없겠지만 시 역시 시인을 둘러싼 가족이나 이웃, 사회 전체를 담아낸다. 다만 늘어진 산문적 묘사와 서술이 아니라 본질에 직핍하려는 직관의 빛이 날카로울 뿐이다.

한韓시인은 계룡산 기슭이라 해도 상신리와는 전혀 딴판인 동학사 입구의 학봉리에 살면서 자연과 시류(문명)와의 대비를 통해 풍자라든가 아이러니 등의 시를 보여 준다. 「나의 정원」, 「봄밤에서」 등은 그 좋은 예이다.

내 정원은 밤마다 휘황한 불빛이 켜진다
샹그릴라, 발리, 알프스, 칼튼, 프로포즈
구름에 달 가듯이, 이 뭣고
복숭아꽃살구꽃, 내 정원은 연중무휴로
크리스마스 이브 같다
밤마다 나도 들뜬다.

—「나의 정원은」 부분

시인은 남의 집을 세내어 살고 있다. 손바닥만 한 뜨락조차 없는 집이다. 이 시의 앞부분을 보면 집(정확히 말하면 방)을 가운데 두고 서쪽과 동쪽이 태극기의 음 · 양(적 · 청)처럼 대조적이다. 서쪽에는 연꽃봉오리처럼 생긴 계룡의 빼어난 봉우리들로 둘러싸여 있다. 평수로 따지면 어림잡아 이십만 평도 넘는다. 아! 부자다. 이 시대는 뭐니뭐니 해도 돈이 제일이고, 땅은 돈일 걸, 이렇게 속으로 혼자서 만족해 한다. 밤이 되면 동쪽은 화려한 환락가다. 못 배운 사람은 어느 나라, 무슨 말인지도 모를 샹그릴라, 발리, 알프스, 또 뭐뭐 러브호텔이 휘황하고 밤새 춤과 술과 노래가 넘치는 술집, 카페 등으로 가득하다. 복숭아꽃살구꽃, 연중 무휴다. 이 화려한 공간이 그가 세든 새마을 회관 2층 방에서 환히 내려다 보인다. 남의 나라다. 그것을 시인은 자기의 정원이라고 자랑한다. 밤마다 나도 들뜬다. 비록 눈요기만 하는 가난한 시인이지만. 시니컬한 시다. 난데없이 '구름에 달 가듯이, 이 뭣고' 가 튀어나오는 이유이다.

이런 자본주의의 흔한 세태를 꼬집는 역설(패러독스)과 풍자(새타이어), 아이러니(반어)의 시가 그의 시편에 많이 나타난다.

그의 시의 본바탕이라 할까, 뿌리는 도시에 있지 않다. 짐승보다는 나무에 있고 사람도 잘난 사람이 아니라 사람축에 끼지 못하는 반편이 같은 진국에 있다. 용목이(「용목이」)가 그렇고 산골놀이 학교 권선생(「개사돈」, 「산골놀이 학교장 권씨」)도 그렇다.

그의 시가 갖는 고향은 흙이다. 녹색의 생명을 길러내는 씨알의 터전이다. 거기에 '어머니' 가 존재한다. 진한 젖냄새의 어머니가 그의 시심을 지배한다.

햇살 따스한 봄날 / 소꿉장난하다가 끌려간 곳이
시집이었다지요, 우리 오매는 / 오매가 보고 싶어서 날마다
날마다 울었다지요

우리 오매는 내 똥을 / 먹었다지요.

—「애기똥풀꽃」 부분

「애기똥풀꽃」의 후반부다. 애기똥풀은 시궁창이나 습한 곳에 나서 자라는 잡풀이다. 다닥다닥 피는 꽃이 노랗기 때문에 애기 똥의 색깔 같아서 그런 이름을 갖게 되었다고 한다. 여기서의 애기똥풀은 어머니의 대유이며 객관상관물이다. 시인은 어머니나 엄마 또는 어머님이라고 부르지 않고 '오매' 라고 부르고 있다. 김영랑의 '오매 단풍 들것네' 의 '오매' 가 아니다. 우리를 낳고 기른 핏줄이 켕기는, 가장 친밀한 원초적 정이 그 말에 녹아 있다. '오매' 는 어린 자식이 배탈이 났을 때 똥맛을 보고 재래식 처방을 찾아낸다. 그런 '오매' 는 오매의 오매에서 태어났으며 오매의 오매 또한 오매의 오매에서 나왔다. 그리하여 '오매' 는 강물처럼 영원하다. 이것이 바로 그의 시정신이 굳건하게 서 있는 대지인 것이다.

6

그의 시는 흙에 뿌리를 둔 불꽃이다. 삶에 대하여, 세계에 대하여 당당하다. 외면하거나 회피하지 않는다. 그러나 그의 시는 화살이 아니다. 미감과 정감을 가지고 우리의 가슴에 와 닿는다. 까다로운 관념이라거나 암호 같은 기교도 그의 시에는 없다. 시인이 보고 들은 생의 체험이 진솔하게 형상화되어 있을 뿐이다. 그의 시가 우리에게 신뢰를 주는 이유이다.

이번 다섯 번째의 시집은 『산을 오르다가』(네 번째 시집) 잠시 쉰 다음 다시 내려와 머문 계룡산 기슭의 그 깊은 지혜를 담고 있다. 활활 타오르는 그의 불꽃은 빛이 되어 세계를 밝고 따뜻하게 감싸준다. 그것은 '머언 먼 젊음의 뒤안길에서' 이제 돌아온 거울의 '경지' 이다. 허虛를 발견하고 무無와 공空을 그리고 그것으로부터 실상實相을 찾아낸다. 너그럽고 편안한 지점이다.

한韓시인은 다 아다시피 과학도이다. 화학공학을 전공하여 박사학위까지 취득하고 대학의 겸임교수로 있는 학자이기도 하다. 과학이 진의 세계를 발견하고 추구하는 집중의 진지성과, 문학이 체험을 바탕으로 하여 무한한 상상의 날개를 펴는 집중의 치열성을 동궤로 보아, 양자의 동질성 또는 순수성을 강조했던 최재서라든가, 조금 다르기는 하지만 리처즈가 강조해 마지 않던 '시와 과학'의 접근성을 떠올리게 한다.

나는 다음과 같은 시편에서 그의 시적 힘을 보면서 새로운 발견의 가능성을 믿는다.

> 겨울밤 하늘은 북이다
> 내 마음속 북채로 하늘을 치면
> 둥둥둥둥
> 별은 하나 둘 튕겨나가고
> 온 누리 가득 퍼진다

— 「하늘북」 부분

'하늘북'을 줄기차게 치며 그런 속에서, 더러는 "별이 유난히 큰 모항"에 가서 "얼싸안고 숙맥이 되어 / 거방지게 한판 놀"(「숙맥」)아 보는 것도 좋겠다. 하지만

> 함박눈 계속 내리고
> 뒤란엔 새하얀 화폭에 장독대
> 그 아래 작은 짐승 발자국이
> 눈에 덮이고 있겠다
> 음악 속에도 눈이 내리고 있다.

— 「엘레지」 부분

이런 고요의 아름다움과 지혜를 꾸준히 추구하는 것은 시인의 몫이다. 프로스트의 말마따나 시는 즐거움에서 비롯하여 예지로 끝난다. 보이는 넓이에서 보이지 않는 깊이를 추구하는 작업도 마찬가지다. 시의 언어는 깊은 침묵에 뿌리를 두어야 한다. 그때 시의 행간은 살아 움직이며 여운을 남긴다. 행간의 심연, 그것은 시의 원천이자 최후다. 채플린은 결코 웃지 않는다는 사실을 곰곰이 생각해 볼 일이다.